SOUL OF LOS ANGELES

30 EINZIGARTIGE ERLEBNISSE

VON EMILIEN CRESPO
FOTOS VON PIA RIVEROLA
ILLUSTRATIONEN VON CLARA MARI

JONGLEZ VERLAG

Reiseführer

„DIE MENSCHEN,
DIE L.A. KRITISIEREN,
SIND OFT JENE, DIE ANGST
VOR DEM UNBEKANNTEN HABEN.
SIE SIND ZU SEHR AN EINFACHE
STÄDTE GEWÖHNT, IN DENEN
DIE SCHÖNHEIT STETS
IN REICHWEITE LIEGT."

MOBY

WAS SIE IN DIESEM REISEFÜHRER **NICHT FINDEN**

- Klimatabellen (320 Sonnentage im Jahr … das sollte als Information reichen)
- Tipps, wie man lange Wartezeiten in Disneyland vermeidet (Hinweis: ein teures Vergnügen)
- Fahrpläne für den öffentlichen Nahverkehr (der ohnehin praktisch nicht existiert)

WAS SIE IN DIESEM REISEFÜHRER **FINDEN**

- Den ältesten Cocktail von Hollywood
- Die beste Art, einen Burger zu bestellen
- Die Bedienungsanleitung für ein außergewöhnliches koreanisches Spa
- Den Markt der Küchenchefs
- Ein geheimes Museum in Holmby Hills
- Das Kino, in dem Filme aus der persönlichen Sammlung von Tarantino gezeigt werden
- Die ultimative kalifornische Villa
- Einen geheimen Garten

Klischees über Los Angeles gibt es wie Sand am Meer. Viele Besucher begnügen sich mit den touristischen Hotspots wie dem Walk of Fame in Hollywood und dem Venice Beach Boardwalk. Anstatt der erhofften Begeisterung sind sie enttäuscht angesichts schmutziger Straßen, einer unglaublichen Anzahl Schaulustiger und überteuerter Attraktionen. Dazu kommen weite Entfernungen und ellenlange Staus, sodass sie schließlich zu dem Schluss kommen, dass ihre Reise scheinbar ein großer Fehler war.

Allein dadurch, dass Sie dieses Buch in den Händen halten, haben Sie bewiesen, dass Sie bereit sind, sich der Stadt auf eine neue Weise zu nähern. Um diesen riesigen urbanen Dschungel in all seinen Facetten genießen zu können, muss man sich in Los Angeles in die Rolle eines Entdeckers hineinversetzen. Wir empfehlen Ihnen, bei der Vorbereitung Ihrer Reise nicht mehr als einen Stadtteil pro Tag einzuplanen. Denn die Stadt ist mit ihren knapp 20 Millionen Einwohnern einfach unfassbar groß. Wir sind seit rund zehn Jahren auf der Suche nach den besonderen Juwelen und präsentieren Ihnen hier eine Auswahl von Erlebnissen, über die es uns gelungen ist, der Seele von Los Angeles ein wenig näher zu kommen. Wir freuen uns, unsere Erkenntnisse mit Ihnen teilen zu können.

Emilien Crespo, Autor

Emilien Crespo

Als wir vor der Frage standen, wer den Titel „Los Angeles" für die „Soul Of"-Reihe schreiben könnte, gab es für uns keinen Zweifel: Emilien Crespo oder keiner.

Emilien ist einer der wenigen Menschen, die ebenso verrückt, mitreißend und exzessiv sind wie L.A.

Als ich ihn kennenlernte, arbeitete er für Apple, schrieb parallel dazu für Magazine wie Purple und Apartamento, organisierte einige der angesagtesten Dinner-Veranstaltungen von L.A. (die berühmten Suicide Sommelier Series), nahm abends an Architekturdebatten teil und testete wirklich alle Restaurants der Stadt, von der kleinen Croissanterie in El Sereno bis zum größten Gourmettempel von West Hollywood.

Danke, Emilien, dass du mit uns dein geheimes Los Angeles teilst ... Und danke auch an deine beiden Unterstützerinnen Pia und Clara, denen es gelungen ist, die Seele dieser Stadt in wunderschönen Bildern und Zeichnungen einzufangen.

Fany Péchiodat

DIE SYMBOLE VON
„SOUL OF LOS ANGELES"

Eintritt frei

0 bis 20 $

20 $ und mehr

First come
first served

Im Voraus
reservieren

100 % L.A.

30 ERLEBNISSE

EIN POSTMODERNER LUNCH
FÜR FEINSCHMECKER

Das Vespertine ist sicher das Restaurant in Los Angeles, über das in den USA am meisten gesprochen wird. Bei 330 $ pro Person für ein Menü (ohne Weinbegleitung) sei aber jedem verziehen, der deshalb lieber von einem Besuch absieht.

Für alle, die dennoch nicht auf die hervorragenden Kochkünste seines Küchenchefs Jordan Kahn verzichten möchten, hat dieser direkt gegenüber eine kleine – deutlich günstigere – Perle eröffnet. Das Destroyer ist nur morgens und mittags geöffnet. Die in handgemachter Keramik gereichten Gerichte sind jedoch ebenso gut wie ästhetisch.

 DESTROYER
3578 HAYDEN AVE, CULVER CITY,
LOS ANGELES, CA 90232

| MO–FR: 8–17 Uhr | Ohne Reservierung | destroyer.la |
| SA–SO: 9–15 Uhr | +1 (310) 360-3860 | |

DAS VERRÜCKTESTE
MUSEUM VON L.A.

Die Frederick R. Weisman Art Foundation ist eines der bestgehüteten Geheimnisse der Stadt. Selbst die Bewohner des Viertels wissen nicht, dass es dieses Museum gibt, wenngleich hier alle großen Namen des 20. Jahrhunderts – von Picasso über Bacon, Hockney, Magritte bis hin zu de Kooning, Rothko, Warhol und Stella – versammelt sind.

Frederick Weisman wurde in Minnesota geboren und wuchs in Los Angeles auf. Seit Mitte der 1950er-Jahre betätigte sich der Unternehmer mit seiner ersten Frau Marcia Simon Weisman als Kunstsammler. Gemeinsam mit seiner zweiten Frau Billie Milam, frühere Leiterin des LACMA (Los Angeles County Museum of Art) und des Getty Museums, trug er eine der schönsten Nachkriegssammlungen der Vereinigten Staaten zusammen.

Warum ein Besuch des Museums Pflicht ist? Weil sich die Rauminszenierung auf angenehme Weise von der Nüchternheit klassischer Museen unterscheidet. Denn zu sehen sind die Werke in der unverändert gebliebenen Villa der Weismans, als wäre man in den 1980er-Jahren bei ihnen zu Gast.

**FREDERICK R. WEISMAN
ART FOUNDATION**

MO–FR: kostenlose Führungen Die genaue Adresse wird einem bei der Anmeldung mitgeteilt (Holmby Hills)	Reservierung erforderlich per Telefon oder E-Mail: tours@weismanfoundation.org +1 (310) 277-5321	weismanfoundation.org

EIN SPAZIERGANG
FÜR INSTAGRAM

Los Angeles ist von atemberaubender Natur umgeben. Für jeden Geschmack ist etwas dabei – vom Meer über die Wüste bis hin zu den Hügeln um Malibu und Hollywood. Diese Hügel sind voller Wanderwege (All-Trails-App herunterladen!). Der Runyon Canyon ist unserer Meinung nach am charakteristischsten für L.A.

Wir wissen nicht, ob er seine Popularität letztlich seiner zentralen Lage in der Nähe von Hollywood, dem phänomenalen Stadtpanorama oder möglicherweise auch der Tatsache verdankt, dass auf einigen Abschnitten Hunde zugelassen sind. Vielleicht spielt auch alles zusammen eine Rolle.

Wundern Sie sich jedenfalls nicht, wenn Sie sich dort wie auf einem Laufsteg fühlen. Influencerinnen mit perfektem Make-up und schwindelerregend teurer Sportbekleidung treffen hier auf Spaziergänger und Fans gleichermaßen. Für den ein oder anderen „Wanderer" geht es hier vermutlich mehr um das Selfie als um die Bewegung an der frischen Luft.

 RUNYON CANYON PARK
2000 N. FULLER AVE,
LOS ANGELES, CA 90046

TÄGLICH: von Sonnenauf- bis Sonnenuntergang

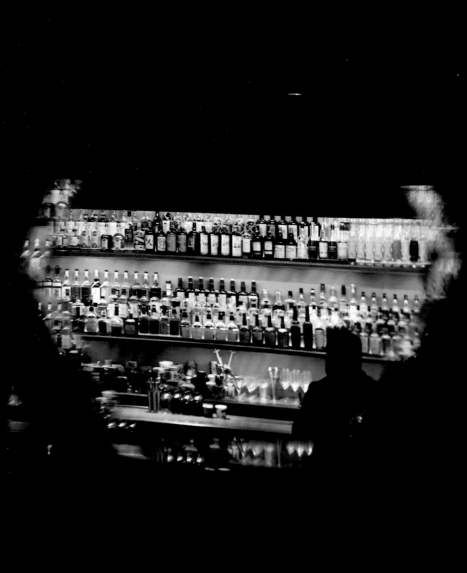

ALKOHOLISCHE RARITÄTEN
MIT STIL

Das Old Lightning ist ein Speakeasy der besonderen Art: Der Eingang ist gut verborgen und serviert wird eine phänomenale Auswahl von mehr als 1.000 alkoholischen Raritäten. Smartphones haben hier keinen Zutritt, sie werden zum Schutz der geheimnisumwobenen Magie dieses Ortes am Eingang konfisziert. Doch nirgendwo sonst ist man mehr im Jetzt und kann den Instagram-Post, der die „Freunde" erblassen ließe, besser vergessen.

Diese Bar ist der Wirklichkeit gewordene Traum der beiden Barmänner Steve Livigni und Pablo Moix, die jahrzehntelang auf Auktionen, in alten Vorort-Geschäften oder bei der Abwicklung insolventer Bars nach besonderen Fundstücken Ausschau gehalten haben. Bei ihrer Planung überließen sie von der selbst designten Tapete bis zu der Sammlung von Vintage-Plakaten an den Wänden kein Detail dem Zufall.

Heute destillieren die Inhaber dieses Juwels auch eigene Spirituosen.

 **OLD LIGHTNING**

MO–FR: 19–2 Uhr	Reservierung per E-Mail erforderlich.
	Die genaue Anschrift erhalten Sie mit der Bestätigung (Venice Beach)
	E-Mail: info@oldlightning.com

EIN FILM AUS
TARANTINOS
PRIVATSAMMLUNG

Bevor Tarantino berühmt wurde, arbeitete er als Angestellter in einer Videothek. Als leidenschaftlicher Filmliebhaber trug er über die Jahre eine der größten Filmsammlungen der Welt zusammen.

Doch Tarantino hatte noch einen anderen Spleen: Als vehementer Gegner der digitalen Projektion, die für ihn den „Tod des Kinos" besiegelte, rettete er den letzten Kinosaal von L.A., der wie einst üblich 35-mm-Filmstreifen vorführt.

Als Eigentümer des New Beverly Cinema stellt er seine Sammlung heute der Öffentlichkeit zur Verfügung. Hier kommt man in den Genuss von Filmen aller Genres (Italowestern, Blaxploitation, Film noir, klassische Komödien), aber auch seiner eigenen Produktionen, die immer freitags um Mitternacht laufen.

Die Tickets sind wie in alten Zeiten mit zwei aufeinanderfolgenden Vorführungen ausgewählter Filme für den Preis von einer Vorführung fast geschenkt.

MUSIKALISCHES PICKNICK
UNTERM STERNENHIMMEL

Könnte es nur noch eine einzige Location für Konzerte geben, so müsste es diese am Fuße der Hollywood Hills gelegene Freilichtbühne sein, die nur im Sommer geöffnet ist. Unabhängig von Ihrem Musikgeschmack – von Klassik bis Pop – es wird ein magischer Moment sein, wenn Ihr Lieblingskünstler oder Ihre Lieblingsband hier inmitten dieser schönen Hügellandschaft unter freiem Himmel die Bühne betritt.

Noch reizvoller wird das Erlebnis dadurch, dass die Besucher eingeladen sind, ein Picknick zu halten. Am besten Sie kommen früh genug, um zu Beginn der Veranstaltung gemütlich zu essen und noch vor dem Hauptact fertig zu sein.

Ein Treffpunkt für Familien, Liebespaare und Freunde. Wenn Sie diesen Ort enttäuscht verlassen, können wir Ihnen auch nicht mehr helfen.

HOLLYWOOD BOWL
2301 N HIGHLAND AVE,
LOS ANGELES, CA 90068

Konzerte im Frühling und
im Sommer fast täglich

Programm und Tickets online
unter:
hollywoodbowl.com

AUF BESUCH BEI EINEM
LEIDENSCHAFTLICHEN ANTIQUAR

Das vor 40 Jahren von Joel Chen, Sohn eines chinesischen Juweliers aus L.A., gegründete Antiquitätengeschäft JF Chen ist heute eines der größten seiner Art weltweit und ein wahres Paradies für Liebhaber von Qualitätsdesign.

In drei riesigen Showrooms findet man hier auf mehreren Stockwerken über 50.000 Objekte, von seltenen chinesischen Antiquitäten bis hin zu zeitgenössischen Möbeln von Prouvé, Sottsass, Kjærholm oder Judd.

Unschlagbar ist Chen in Bezug auf das Ehepaar Eames, das mit seinen Stühlen und seiner industriellen Ästhetik in die Geschichte einging

 JF CHEN
1000 N HIGHLAND AVE,
LOS ANGELES, CA 90038

MO–FR: 10–17 Uhr	Nur nach vorheriger Terminvereinbarung +1 (323) 463-4603

− JOEL CHEN −

Als Gründer von JF Chen ist Joel Chen einer der größten Antiquitätenhändler der Welt, aber auch Experte für das Design von Charles und Ray Eames.

Wie sind Sie zum Antiquitätenhandel gekommen?

Ich bin in England geboren, meine Eltern emigrierten in den 1970er-Jahren nach Los Angeles. Ich arbeitete für meinen Vater, der in Downtown L.A. ein Juweliergeschäft hatte. Ich habe das gehasst. Es war eine gnadenlose Arbeit. So etwa mit zwanzig Jahren kam ich an einem Geschäft mit schönen chinesischen Antiquitäten an der Melrose Ave. vorbei. Ich klingelte mehrmals, doch niemand öffnete mir. Nach einer Weile kam der Mann vom Empfang zu mir und sagte, dass er „nicht an Privatpersonen" verkaufe. Das machte mich

> *Manche fühlen sich überfordert, wenn sie das Geschäft betreten.*

wütend, denn die Bemerkung war klar rassistisch, aufgrund meines asiatischen Aussehens. Daraufhin verkündete ich meinem Vater, dass ich ein Antiquitätengeschäft eröffnen würde. Alles wegen diesem Typen, der mich nicht eintreten lassen wollte. Ich lieh mir mit einer Bürgschaft meines Vaters 6.000 $ von der Bank, flognach Hongkong und brachte einen Container voll fürchterlicher Objekte mit. Ich kannte mich damals ja überhaupt noch nicht aus! Dennoch begann ich, sie zu verkaufen. Dann ließ ich weitere Container kommen. Das Internet gab es damals noch nicht und nach dem Fall der Berliner Mauer orientierte ich mich in Richtung Europa, um dort weitere Antiquitäten zu finden.

Wie kamen Sie zum kalifornischen Design?

Als ich begann, galt Kalifornien als unheimlich provinziell. Die Dinge haben sich geändert und es wurden zahlreiche Museen wie das The Broad eröffnet. Das dauerte eine Weile. Ich organisierte eine Ausstellung über Ettore Sottsass, dann über Charles und Ray Eames. Kürzlich habe ich eine Ausstellung mit Daft-Punk-Möbeln gemacht.

Erzählen Sie uns vom Ehepaar Eames, diesen kalifornischen Designern, die die ganze Welt beeinflusst haben. Ihre Stühle sind überall zu finden, von Mexiko bis Tokio …

Sie hatten ein schönes Ideal: Sie wollten erschwingliche Möbel bauen. Damals kosteten ihre Stühle 40 $. Ich habe einen Stuhl aus ihrer ersten Kollektion für 40.000 $, andere für 15.000 $ verkauft. Aber manchmal findet man noch Originale für ein paar Hundert Dollar.

Wie reagieren die Besucher, wenn Sie Ihr Geschäft betreten?

Manche fühlen sich überfordert: Wir führen über 50.000 Objekte. Das sind manchmal zu viele Eindrücke auf einmal, und es kommt sogar vor, dass Kunden das Geschäft wieder verlassen müssen!

Wie bringt man am besten eine Möbel- oder Designkollektion auf den Markt?

Das Internet hat alles verändert, man muss heute nirgends mehr hinfliegen. Ständig finden Auktionen statt, bis zu sechs am Tag! Vertrauen Sie auf Ihr Auge! Vergessen Sie Jean Prouvé oder Charlotte Perriand, gehen Sie nicht in diese Richtung. Halten Sie weltweit Ausschau nach jungen, bezahlbaren Talenten. Momentan steht das Design der 1950er-Jahre hoch im Kurs. Auch Traditionelles ist wieder gefragt, sehr elegante Antiquitäten im Louis-quinze- oder Louis-seize-Stil.

EIN RESTAURANT-CAFÉ
MIT DEM MOTTO:
VENICE BEACH FOREVER

Das Restaurant Gjusta schläft nie. Nachts werden hier Hunderte von Broten gebacken, tagsüber werden in den Räumen mit das beste Frühstück, der beste Lunch und das beste Abendessen der Stadt serviert.

Dank 130 fleißigen Mitarbeitern ist alles hausgemacht: Brot, Gebäck, Desserts, Salate, Frühstück, Pizza, Sandwiches, Pasta, Saft, Kaffee ...

Kommen Sie besser außerhalb der Stoßzeiten, sonst bezahlen Sie den Preis des Ruhms: eine mit zunehmender Bekanntheit des Cafés wachsende Menschenmenge.

📍 **GJUSTA**
320 SUNSET AVE,
VENICE, CA 90291

| TÄGLICH: 7–20 Uhr | Ohne Reservierung +1 (310) 314-0320 | gjusta.com |

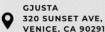

DIE ULTIMATIVE
KALIFORNISCHE VILLA

Hier ist es, das ultimative Wohnhaus, der Grund dafür, dass sich die ganze Welt eine Villa mit Pool in den Hügeln von Los Angeles kaufen will. Der Fotograf des Hauses, Julius Shulman, war sicher am allermeisten überrascht, welchen Einfluss seine Abzüge auf das moderne Design hatten.

Denn in Wirklichkeit ist das Stahl House kleiner, als es auf Bildern aussieht. Und dennoch präsentiert sich die von Pierre Koenig entworfene Villa auch sechzig Jahre nach ihrem Bau noch immer außerordentlich fotogen. In Auftrag gegeben wurde sie von einer Familie, die „den Champagner liebte, aber nur Geld für Bier" hatte – wie es der Architekt einst gegenüber dem LA Magazine formulierte – und deshalb seinerzeit auch zu erschwinglichen Materialien griff.

Um die Villa tagsüber oder, besser noch, zum Sonnenuntergang zu besichtigen, müssen Sie sich Wochen im Voraus anmelden.

 STAHL HOUSE
CASE STUDY HOUSE #22

| Besichtigung nachmittags und abends | Reservierung mit Online-Zahlung unter: stahlhouse.com | Die genaue Adresse wird Ihnen bei der Reservierung mitgeteilt (West Hollywood) |

ARCHITEKTUR
ALS FILMKULISSE
IN L.A.

WALT DISNEY CONCERT HALL

FRANK GEHRY - 2003

ENNIS HOUSE

FRANK LLOYD WRIGHT - 1924

GRIFFITH OBSERVATORY
JOHN C. AUSTIN - 1935

SHEATS GOLDSTEIN RESIDENCE
JOHN LAUTNER - 1963

RANDY'S DONUTS
HENRY J. GOODWIN - 1953

DER GEHEIME GARTEN
VON ELVIS UND GEORGE HARRISON

Um dem Trubel der Stadt zu entkommen und ein wenig für sich zu sein (was manchmal echt guttut!), ist der Self-Realization Fellowship Lake Shrine Temple genau das Richtige.

Gegründet wurde er von dem Yogi Paramahansa Yogananda, dem der Westen seinen Zugang zu Meditation und Yoga verdankt und zu dessen eifrigsten Schülern kein Geringerer als Steve Jobs zählte.

Im Inneren des Mahatma Gandhi World Peace Memorial ruht in einem chinesischen Sarkophag aus tausendjährigem Stein ein Teil der Asche von Gandhi. Der Weg führt durch einen wundervollen, am Ufer eines von Tieren (Schwäne, Enten, Karpfen, Schildkröten) bevölkerten Sees gelegenen, Garten.

Elvis Presley zählte zu den Stammgästen. George Harrison und Tom Petty fühlten sich dem Ort so sehr verbunden, dass sie ihn, im zeitlichen Abstand von 16 Jahren, für ihr Begräbnis auswählten.

SELF-REALIZATION FELLOWSHIP LAKE SHRINE TEMPLE
📍 **17190 SUNSET BLVD, PACIFIC PALISADES, CA 90272**

| DI-SA: 10-16:30 Uhr SO: 12-16:30 Uhr | +1 (310) 454-4114 | lakeshrine.org |

DER ÄLTESTE MARTINI
VON HOLLYWOOD

Auf ihrem ersten Erkundungsgang durch L.A. tummeln sich die Touristen bevorzugt auf dem Hollywood Boulevard. Fernab von Glamour und Glitter finden sie hier schmutzige Straßen, Touristenfallen und sterile Ladenketten.

Inmitten dieses Chaos nimmt sich das älteste Restaurant von Hollywood wie ein kleines Wunder aus. Seit 1919 gehen im Musso and Frank berühmte Künstler ein und aus: Schriftsteller wie Bukowski und Fitzgerald und VIPs, die so berühmt sind, dass sie gar nicht erst bei ihrem Familiennamen genannt werden müssen (Mick, Keith, Marylin, Johnny oder Leo ...). Die vertäfelten Separees in diesem Restaurant, das sich über mehrere Etagen erstreckt, versetzen den Gast in vergangene Zeiten zurück.

Bei den mit roten Jacketts gekleideten Kellnern, die seit Jahrzehnten hier arbeiten, bestellen wir ein gut gefülltes Glas Martini, serviert mit „Sidecar" (kleine Karaffe zum Nachfüllen des Getränks). So wird Hollywood gleich ein wenig erträglicher.

 MUSSO & FRANK GRILL
6667 HOLLYWOOD BLVD,
LOS ANGELES, CA 90028

| DI-SA: 11–23 Uhr | +1 (323) 467-7788 | mussoandfrank.com |
| SO: 16–21 Uhr | | |

DAS RESTAURANT, IN DEM EIN NUN SELBST IN CHINA **BELIEBTES GERICHT ERFUNDEN WURDE**

Im chinesischen Stadtteil Far East, im San Gabriel Valley, befindet sich eines unserer Lieblingsrestaurants von L.A. Die Szechuan-Küche ist für ihre Schärfe bekannt. Mit der Schärfe ihrer thailändischen oder mexikanischen Verwandten hat das jedoch wenig zu tun. Ihre Schärfe betäubt nur kurz, anstatt zu brennen, und macht vor allem eines: süchtig. Hier im Chengdu Taste wurde auch ein Gericht erfunden, das mittlerweile auf der ganzen Welt serviert wird (auch in China!): Lammstückchen auf Zahnstochern (toothpick lamb). Unsere Empfehlung: unbedingt probieren!

Ebenfalls nicht entgehen lassen sollten Sie sich den dampfgegarten Fisch. Oder mit den Worten des legendären Gastrokritikers Jonathan Gold: „Die Aromen umspielen die Lippen und die Zunge und erinnern an das blinkende Flimmern einer Leuchtreklame in Las Vegas." Reservieren kann man hier leider nicht, die Wartezeiten können leicht abschreckend wirken. Am besten Sie kommen unter der Woche, kurz bevor das Restaurant schließt. So schlagen Sie zwei Fliegen mit einer Klappe, denn gleichzeitig gehen Sie damit dem Stau bei der Anfahrt aus dem Weg.

📍 **CHENGDU TASTE
828 W VALLEY BLVD,
ALHAMBRA, CA 91803**

| MO–FR: 11–15 Uhr und 17–22 Uhr
SA–SO: 11–22 Uhr | Ohne Reservierung
+ 1 (626) 588-2284 | **NUR BARZAHLUNG** |

JUMBO'S CLOWN ROOM
5153 HOLLYWOOD BLVD,
LOS ANGELES, CA 90027

TÄGLICH: 19:30–2 UHR

+1 (323) 666-1187

DER POLE-DANCE-CLUB,
IN DEM COURTNEY UND
KURT SICH TRAFEN

Hollywood und Rock 'n' Roll sind in Los Angeles kaum voneinander zu trennen. Der Jumbo's Clown Room Club spiegelt die engen Verbindungen zwischen beiden Universen wohl am besten wider. Der „Clown Room", um den es hier geht, ist ein Treffpunkt für legendäre Musiker, eine winzig kleine Bar mit Pole-Tänzerinnen, die zu Rock- und Indieklängen von Radiohead, Queens of the Stone Age und Led Zeppelin lasziv die Hüften schwingen. Doch auch wenn es zunächst so aussehen mag, besucht man diesen Ort nicht, um nackte Mädchen zu sehen. Das entspricht nicht dem Stil des Hauses.

Die Legende besagt, dass die damalige Tänzerin Courtney Love hier Kurt Cobain kennenlernte, der als Gast in dem Club war.

EIN PARADIES
FÜR KINOFANS

Die Filmindustrie war der zweite kalifornische Goldrausch und ist noch heute ein starker Wachstumsmotor für Los Angeles. Liebhaber der siebten Kunst finden in der winzig kleinen Buchhandlung Larry Edmunds Bookshop eine großartige Auswahl alter Filmplakate, Fotos, Drehbücher und Bücher zum Thema Hollywood. 1938 eröffnet, führt sie heute rund 20.000 Bücher und knapp 500.000 Fotografien.

Hier kann man mit den Titeln in den Regalen sein cinematografisches Wissen aufpolieren oder bei Vorträgen und Autogrammstunden Schauspieler und Drehbuchautoren persönlich treffen.

 LARRY EDMUNDS BOOKSHOP
6644 HOLLYWOOD BLVD,
LOS ANGELES, CA 90028

MO–FR: 10–17:30 Uhr	+1 (323) 463-3273	larryedmunds.com
SA: 10–18 Uhr		
SO: 12–17:30 Uhr		

15

EIN SPAZIERGANG IN EINEM **ATEMBERAUBENDEN GARTEN SPOT**

Henry E. Huntington war einer der vermögendsten Menschen seiner Zeit und trug mit dem Ausbau der Eisenbahn zum Aufschwung Kaliforniens bei.

In Pasadena kann heute nicht nur seine luxuriöse Villa besichtigt werden, sondern vor allem auch das diese umgebende Anwesen: Auf insgesamt 49 Hektar lässt es sich hier wunderbar durch den botanischen Garten, den chinesischen Garten, den Wüstengarten, den japanischen Garten mit seiner schönen Bonsai-Sammlung, den Rosengarten, den Kräutergarten und den Renaissance-Garten wandeln. An einem Tag ist all das kaum zu besichtigen.

Ebenfalls nicht verpassen sollten Sie Huntingtons Kunstsammlung, die auf die verschiedenen in den Gärten liegenden Gebäude verteilt ist. Sie umfasst englische Porträts aus dem 18. Jahrhundert, amerikanische und europäische Werke, Briefe, Manuskripte und wertvolle wissenschaftliche Bücher.

 THE HUNTINGTON LIBRARY, ART COLLECTIONS, AND BOTANICAL GARDENS
1151 OXFORD RD, SAN MARINO, CA 91108

| MI –MO: 10-17 Uhr | +1 (626) 405-2100 | huntington.org |

BURGER ESSEN
AUF KALIFORNISCHE ART

Trotz seines Rufs als Hauptstadt der gesunden Ernährung ist Los Angeles auch Geburtsort der Fast-Food-Kultur. Wenig überraschend, wenn man weiß, wie autobesessen die Bewohner dieser riesigen Millionenstadt sind. Zwar nahm die Globalisierung von Fast Food mit McDonald's ihren Anfang, aber In-N-Out Burger ist es als erstem Anbieter gelungen, Herz und Gaumen der Einwohner, Gastrokritiker und Küchenchefs von L.A. zu erobern.

Im Gegensatz zu McDonald's hat In-N-Out Burger kein Franchisesystem aufgebaut – alle Restaurants gehören dem Unternehmen. Kompromisse in Sachen Qualität gibt es hier keine, das Fleisch beispielsweise kommt nie aus dem Tiefkühlfach.

Zu jeder Tages- und Nachtzeit stehen die Autos Schlange vor dem Drive-in, auch wenn alle benachbarten Läden leer sind.

Um sich nicht als völliger Burger-Banause zu outen, sollte man jedoch unbedingt die Bestell-Etikette einhalten (siehe folgende Seite) ...

 IN-N-OUT BURGER
7009 SUNSET BLVD,
LOS ANGELES, CA 90028
(mehrere Standorte)

| SO-DO: 8-1 Uhr | Ohne Reservierung | in-n-out.com |
| FR-SA: 8-1:30 Uhr | | |

DIE GEHEIME KARTE VON IN-N-OUT

In-N-Out Burger ist für seine überschaubare, schnörkellose Karte bekannt: Burger, Pommes, Softdrinks, Milchshakes. Einfach und effizient. Doch es wäre gemein, wenn wir an dieser Stelle für uns behielten, was alle Kalifornier längst wissen: Bei In-N-Out gibt es eine „geheime" Karte ... die online zu finden ist. Hier einige der „geheimen" Bestseller:

Double Double Animal Style:

Zwei Hacksteaks, zwei Scheiben Käse, Animal-Style-Soße (Spezialsoße: Mayo, Ketchup, Gürkchen und Essig) und karamellisierte Zwiebeln.

Fries Animal Style:

Pommes, eingewickelt in zwei Scheiben Schmelzkäse, Animal-Style-Soße und karamellisierte Zwiebeln.

Neapolitan Shake:

Milchshake mit Schokolade, Vanille und Erdbeer.

Grilled Cheese:

Sandwich mit zwei Scheiben Käse und verschiedenem Belag wie zum Beispiel Mayo, Tomaten, Salat, Peperoni- oder Zwiebelringe.

Proteinburger:

Salatblätter statt Brot.

DER GEHEIME STRAND VON MALIBU,
DER NUR BEI EBBE ZU ERREICHEN IST

Malibu hat die schönsten Strände im Umland von Los Angeles. Viele der betuchten Einwohner träumen davon, den Zugang für Normal- sterbliche zu schließen.

Colony Beach ist die wahre Wiege von Malibu, der Ort, an dem sich die Stars der 1930er-Jahre malerische Villen unter den Nagel gerissen und gleichzeitig die „Malibu Movie Colony" gegründet haben, eine private Community der Stars und Ultrareichen. Dieser Strandabschnitt von Malibu ist einfach traumhaft schön und nicht überlaufen.

Doch Vorsicht! Schauen Sie vorab unbedingt auf den Gezeitenkalender, denn zwei Stunden vor Eintreffen der Flut ist der Strand nicht mehr zu erreichen oder zu verlassen. Vom Parkplatz Malibu Lagoon aus gehen Sie in Richtung Strand. Sobald die Villen in Sichtweite kommen, biegen Sie nach rechts ab und folgen dem Strand entlang der Häuser: Sie haben Ihr Ziel erreicht! Nutzen Sie die Gelegenheit vor oder nach dem Bad zu einem Lunch im Malibu Farm, einem netten Restaurant direkt auf dem Pier, mit Blick auf das Meer.

 COLONY BEACH
MALIBU LAGOON CAR PARK,
CROSS CREEK ROAD, MALIBU, CA 90265

TÄGLICH: 8 Uhr bis Sonnenuntergang | Aktuellen Gezeitenkalender online abrufen!
NUR BEI EBBE ZUGÄNGLICH

EINKAUFEN
MIT DEN KÖCHEN AUS DER GEGEND

Warum blicken Köche aus der ganzen Welt mittwochvormittags neidvoll nach Kalifornien? Um das zu verstehen, genügt ein Blick auf die überbordenden Auslagen des Markts von Santa Monica, in denen in der Sonne von SoCal (Abkürzung für Southern California/Südkalifornien) gereiftes Obst und Gemüse von lokalen Farmern feilgeboten wird. Nur allzu leicht verliert man sich bei seinem Einkauf in den Gängen, von Farben und Gerüchen geleitet. Unsere Lieblingsstände: Flora Bella Farm, Peads & Barnetts, Mike & Sons Egg Ranches, Kenter Canyon Farms, Wild Local Seafood, J.J.'s Lone Daughter Ranch oder Harry's Berries.

Der Sonntagsmarkt in Hollywood bietet eine ähnlich große Auswahl und ist etwas zentraler gelegen.

 SANTA MONICA'S FARMERS MARKET
ARIZONA AVE AND 2ND STREET,
SANTA MONICA, CA 90401

MI: 8–13 Uhr

GROSSARTIGES SUSHI
AN EINEM UNGEWÖHNLICHEN ORT

Zwischen einer Autobahn, einem alten Sex-Shop und einer verrosteten Werkstatt erwartet einen hier das wahrscheinlich beste Sushi der Welt. Küchenchef Shunji, der schon seinen Kollegen Nobu 1987 beim Aufbau von Matsuhisa (dem ersten Restaurant der Nobu-Kette) unterstützte, kehrte nach einem Umweg über Japan zurück nach L.A., um hier im Jahr 2012 sein eigenes Restaurant zu eröffnen. Seitdem regnet es für ihn Preise und Sterne.

Die Karte folgt streng den Regeln der japanischen Küche. Das geht so weit, dass der Koch seinen Fisch eigens aus Japan kommen lässt ... Das höchste der Gefühle ist es aber, einfach ein „Omakase" zu bestellen – und sich damit ganz in die Hände des Küchenmeisters zu begeben.

Kleines Extra: Sehen Sie sich die Form des Gebäudes einmal genauer an. Es ist ein wunderbares Beispiel für eine programmatische, auf die Funktion eines Bauwerks abgestimmte Architektur. Vor Beginn der Sushi-Ära stand hier Chili con Carne auf der Karte und das Gebäude erinnert schlicht an die Form jener Schüsseln, in denen das mexikanische Gericht traditionellerweise serviert wird.

 SHUNJI
12244 PICO BLVD,
LOS ANGELES, CA 90064

MITTAGS: DI –FR: 12-14 Uhr	Unbedingt reservieren	shunji-ns.com
ABENDS: DI-DO: 18-22 Uhr	+1 (310) 826-4737	
FR-SA: 18-22:30 Uhr		

DAS SURFERHOTEL
AN IHREM LIEBLINGSSTRAND

Im Rose Hotel, zwei Schritte vom Ozean entfernt, haben Besucher die Qual der Wahl: joggen am Strand, gutes Essen in einem wenige Gehminuten entfernten Restaurant, eine Runde mit dem Fahrrad (Vermietung im Hotel) oder eine kleine Surfeinheit (Ausrüstung ebenfalls im Hotel erhältlich) ... Man vergisst an diesem Ort schnell, dass man sich in einer Megastadt befindet, deren Ausläufer sich wie die Arme eines Kraken ausbreiten.

Das Hotel wurde von dem Modefotografen Glen Luchford gegründet, der früher oft für Prada arbeitete. Seine Innengestaltung in reinstem minimalistischem Venice-Beach-Hippie-Style ist sehr gelungen und empfängt einen in schickem und schnörkellosem Ambiente (einige Zimmer teilen sich ein Bad).

THE ROSE HOTEL VENICE
15 ROSE AVE,
VENICE, CA 90291

+1 (310) 450-3474   therosehotelvenice.com

HOTELS IN
LOS ANGELES

—

CHATEAU MARMONT
WEST HOLLYWOOD

Zimmer und Bungalows im „Rock 'n' Roll"-Stil

—

SHUTTERS ON THE BEACH
SANTA MONICA

Geballte West-Coast-Eleganz direkt am Meer

ACE HOTEL

DOWNTOWN LA

Historisches Trend-Hotel mit gutem Preis-Leistungs-Verhältnis

THE HOLLYWOOD ROOSEVELT

HOLLYWOOD

Ein Pool wie aus einem Bild von David Hockney und Eskapaden à la Hollywood

DER JAZZCLUB
DER GROSSEN DER MUSIKSZENE

Von außen gänzlich unscheinbar, gelegen in den Hügeln von Los Angeles in einem kleinen Einkaufszentrum am Mulholland Drive, wurde der Vibrato Grill Jazz Club von dem legendären Herb Alpert gegründet. Der Trompeter zählte einst zu den Musikgrößen seiner Zeit und verkaufte 1966 mehr Alben als die Beatles. Er gründete das Label A&M und en deckte Cat Stevens, Supertramp, The Police und The Carpenters.

Die Atmosphäre in seinem Club mit kleinen Tischchen und überwältigender Akustik ist gemütlich. Seit Gründung seines Clubs hat Alpert viel investiert.

Im Saal beklatschen die Bewohner von Beverly Hills Alpert persönlich oder seine Freunde, darunter Seth MacFarlane, Gründer von Family Guy und großer Sinatra-Fan, der im Club häufig mit dem Repertoire von „The Voice" zu Gast ist.

 VIBRATO GRILL JAZZ
2930 BEVERLY GLEN CIR,
LOS ANGELES, CA 90077

| DI–SO: 17–23 Uhr Fast jeden Abend Livemusik | Programm und Tickets online unter: vibratogrilljazz.com +1 (310) 474-9400 | Reservierung an der Bar oder am Tisch, zum Teil mit Eintritt |

DIE GALERIE VON
JAMES TURRELL

Los Angeles strotzt nur so vor Künstlern und Galerien. Einer dieser Kunsttempel ist jedoch etwas ganz Besonderes, denn er wurde komplett von dem legendären James Turrell entworfen, der für seine außergewöhnlichen Lichtinstallationen und seine berühmten Fans wie Drake und Kanye West bekannt ist.

In der Galerie Kayne Griffin Corcoran kann man so – natürlich – Arbeiten von Turrell bewundern, aber auch von Künstlern wie David Lynch, Peter Shire oder Ken Price.

Die Architektur der Galerie selbst ist ein Kunstwerk für sich. Nicht verpassen sollten Sie den Konferenzsaal, einen von Turrell erdachten Skyspace mit einem bei Sonnenuntergang einfach magischen Lichtbrunnen.

 KAYNE GRIFFIN CORCORAN
1201 SOUTH LA BREA AVE,
LOS ANGELES, CA 90019

| DI–SA: 10–18 Uhr | +1 (310) 586-6887 | kaynegriffincorcoran.com |

EINKAUFEN,
WIE ES SICH IN VENICE BEACH GEHÖRT

Wenn Sie ein Souvenir aus Venice Beach suchen, statten Sie Hannah Henderson und John Moore einen Besuch ab. Die beiden sind nicht nur ein wunderbares Paar, sondern führen auch gemeinsam den Venice General Store, der eine wahre Ode an das Talent kalifornischer Designer ist.

In ihrem 2012 eröffneten Geschäft findet man eine bunt zusammengewürfelte Auswahl schöner Bände und antiquarischer Bücher sowie Keramik, Jeans, Kleider, Schmuck, Zeitschriften oder alte Plakate. Die meisten Objekte stammen aus der Gegend und wurden von den Inhabern mit größter Sorgfalt ausgewählt.

 **VENICE GENERAL STORE
1801 LINCOLN BLVD,
VENICE, CA 90291**

| MO–SA: 1 1–19 Uhr
SO: 12–18 Uhr | +1 (310) 751-6393 | shop-generalstore.com |

DER LIEBLINGS-FOODTRUCK
VON JONATHAN GOLD

Wer von der kulinarischen Szene von Los Angeles spricht, spricht von Jonathan Gold, dem ersten Gastrokritiker der Geschichte, der den Pulitzer-Preis gewinnen konnte. Der Dokumentarfilm City of Gold, realisiert 2018, kurz vor seinem Tod, zeichnet sein Leben und sein Schaffen im Lichte dieser von ihm so geliebten Stadt nach.

Golds besondere Zuneigung galt den kleinen, unscheinbaren Restaurants und dem, was er als die „echte" Küche der Einwanderer bezeichnete, die in dem großen kulturellen Mosaik von L.A. ihren Platz suchten. Auf einen Teller gute Tacos ging er gerne ins Mariscos Jalisco. L.A. liegt nicht weit von Mexiko entfernt und in den Küchen der Restaurants arbeitet überwiegend mexikanisches Personal. So sind Tacos denn auch die Spezialität der Stadt.

Dazu haben wir einen Tipp und entführen Sie in ein Wohnviertel im Osten von Downtown. Hier steht seit Anfang der 1980er-Jahre der Foodtruck von Raul Ortega. Seine Spezialität: die einfach großartigen Tacos dorados de camarón, knusprig gebacken mit Shrimps, Avocado und Salsa.

MARISCOS JALISCO
3040 E OLYMPIC BLVD,
LOS ANGELES, CA 90023

| TÄGLICH: 9–18 Uhr | +1 (323) 528-6701 | NUR BARZAHLUNG |

Jonathan Gold

Jonathan Gold hat für seine Gastrokritiken über die kulinarische Szene von Los Angeles in Zeitungen wie der *Los Angeles Times* und *LA Weekly* den Pulitzer-Preis gewonnen. Dieses Interview wurde kurz vor seinem Tod im Jahr 2018 geführt.

Man könnte meinen, Sie hätten eine Vorliebe für internationale, günstige und leicht exzentrische Restaurants, die sich oft in kleinen Einkaufszentren verbergen.

Ja. Das Salz in der Suppe von Los Angeles, das, was es an keinem anderen Ort der Welt gibt, ist, dass es zwischen der gehobenen und der einfachen Küche keine Grenze gibt. Dass es zum Beispiel Orte wie das Guerrilla Tacos gibt. Der Inhaber, Wes Avila, hat sein Handwerk bei den Größten der Zunft gelernt, er war Schüler von Alain Ducasse. Bevor er seine Schürze an den Nagel hängte und machte, wozu er wirklich Lust hatte, arbeitete er in Gourmetrestaurants. Er weiß, wo es den besten Seeigel gibt, das beste Gemüse und das beste Fleisch, er arbeitet mit den begehrtesten Zulieferern zusammen. Aber anstatt diese Zutaten in einem Gourmet-Menü für 150 $ anzubieten, macht er Tacos für 7 $. Und die Leute beschweren sich noch! „Was!? 7 $ für einen Taco?" Ihnen würde ich am liebsten entgegnen, dass sie keine Ahnung haben. [lacht]

Glauben Sie, dass Los Angeles derzeit eine der interessantesten Städte auf der Welt in Sachen Gastronomie ist?

Wir haben nicht so viele hochrangige Restaurants wie New York, Paris oder Kopenhagen. Aber wenn ich die Wahl hätte, würde ich am liebsten in Los Angeles essen.

Was sind Ihrer Meinung nach die Spezialitäten von Los Angeles?

Das ist schwer zu beantworten. Ein koreanischer Taco? Avocado-Toasts?

> *Wenn ich die Wahl hätte, würde ich am liebsten in Los Angeles essen.*

Sie lachen vielleicht, aber es gibt sie wirklich an jeder Ecke! Sie haben die Welt erobert. Aber unsere Avocados sind die besten, und unser Brot ist einfach himmlisch! Ansonsten fällt mir noch ein Gericht aus Szechuan ein – toothpick lamb. Dieses stammt ursprünglich gar nicht aus Szechuan, sondern ironischerweise aus L.A. In feine Stückchen geschnittenes Lammfleisch, gewürzt mit Kreuzkümmel. Serviert wird es aufgespießt auf Zahnstocher, gegessen mit den Fingern.

Das Gericht wurde genau hier, bei Chengdu Taste, erfunden, nicht wahr? Ja, genau.

Zum Abschluss noch eine Frage: Was lieben Sie außer dem Essen an Los Angeles?

Ich mag die Menschen und die entspannte Lebensart. Ich mag, dass mein Viertel nur zehn Autominuten von einem Naturpark mit Bergen, Bächen und Wäldern entfernt liegt. Und wenn Sie mir gestatten, ein wenig sentimental zu werden ... Für mich kann man in Los Angeles wirklich sein, wer man möchte. Man kann von irgendwo herkommen, sich eine Identität zulegen und sich neu erfinden. Ebenso muss man nur durch Stadtteile wie Beverly Hills oder Pasadena spazieren, um auf ein vom feudalen Japan inspiriertes Künstleratelier, eine spanische Hacienda, eine italienische Villa oder ein Anwesen im Tudor-Stil zu stoßen. In einem einzigen Viertel findet man die Architektur von zehn Kulturen, und alle scheinen perfekt hierher zu passen.

EIN RUND UM DIE UHR GEÖFFNETES
KOREANISCHES SPA

Nach Seoul ist Los Angeles die Stadt auf der Welt, in der am meisten Koreaner leben. Der Koreakrieg hat viele von ihnen hierhergeführt. In Koreatown sind alle Schilder, Straßennamen und Werbetafeln nur auf Koreanisch geschrieben.

Inmitten dieser Parallelwelt liegt das Wi Spa, dessen Angebot sich über fünf Etagen erstreckt, auf denen eine Sporthalle, ein Solarium, je ein eigenes Stockwerk für Männer und Frauen (mit eigenen Saunen, Pools und Ruheräumen) und eine gemischte Etage (mit weiteren Saunen, einem Restaurant und Bodenmatten für eine kleine Siesta) untergebracht sind. Hier vergisst man die Zeit und die Staus auf dem Highway. Ein wahrer Luxus in L.A.

Das Beste an alldem? Die Wellnessoase ist rund um die Uhr geöffnet.

WI SPA
2700 WILSHIRE BLVD,
LOS ANGELES, CA 90057

| Rund um die Uhr geöffnet | +1 (213) 487-2700 | wispausa.com |

WI SPA –
ANLEITUNG

Entkleiden Sie sich zunächst in der Garderobe (vollständig – koreanische Spas werden nackt betreten).

Bei der Ankunft erhalten Sie von den freundlichen Mitarbeitern ein Handtuch, ein für alle Gäste einheitliches Outfit und einen magnetischen Schlüssel für Ihr Schließfach, der am Handgelenk getragen werden kann.

Für die gemischte Etage benötigen Sie das Bekleidungsset, das Sie am Eingang erhalten haben (Shorts & T-Shirt). Und dann genießen Sie einfach die Zeit in einem 24/24 geöffneten Restaurant, verschiedenen Saunen und Ruhebereichen, im Computerbereich oder bei einem guten Buch aus der hauseigenen Bibliothek.

Frauen und Männern steht jeweils eine Etage mit Bädern,
Duschen, Saunen und Ruheräumen zur Verfügung.

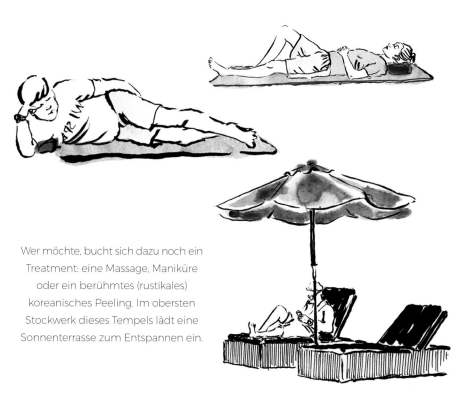

Wer möchte, bucht sich dazu noch ein
Treatment: eine Massage, Maniküre
oder ein berühmtes (rustikales)
koreanisches Peeling. Im obersten
Stockwerk dieses Tempels lädt eine
Sonnenterrasse zum Entspannen ein.

DER STAR
AM GEBÄUDEHIMMEL
VON L.A.

Wenn Sie *Blade Runner* und *The Artist* gesehen haben, sagt Ihnen das Bradbury Building vermutlich etwas. Das Gebäude ist aber nicht nur ein großer Filmstar, sondern auch eines der ältesten Bauwerke von Los Angeles.

Erbaut wurde es 1893 von dem jungen Architekten George Wyman. Als großer Science-Fiction-Liebhaber schöpfte Wyman seine Inspiration aus einem Roman, der in Innenhöfen aus Glas angeordnete Arbeitsbereiche beschrieb.

Der Legende nach soll er den Auftrag erst nach einem Brandbrief seines Bruders, den ihm dieser im Rahmen einer spiritistischen Sitzung übermittelte, angenommen haben. „Nimm den Bradbury-Auftrag an. Er wird dich berühmt machen."

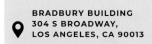

BRADBURY BUILDING
304 S BROADWAY,
LOS ANGELES, CA 90013

MO–FR: 9–18 Uhr
SA–SO: 10–17 Uhr

EIN KALIFORNISCHER BRUNCH MIT
HAUSGEMACHTER KONFITÜRE ALS SOUVENIR

Eine gute Konfitüre ist Balsam für die Seele. Mit dem feinen Geschmack ihrer Früchte versüßt sie kalte Wintertage und erinnert daran, dass irgendwann die Sonne wieder scheinen wird. Aus diesem Gedanken heraus sind die Konfitüren von Sqirl entstanden – mit Köchin Jessica Koslow am Herd und Scott Barry als Verpackungsdesigner. Wer eine ihrer Kreationen im Koffer mit nach Hause nimmt, bewahrt sich auch nach der Reise noch ein Stück von der Sonne Kaliforniens.

Doch Sqirl ist weit mehr als das. Der Name steht auch für einen beliebten Brunch mit himmlischen Backwaren, hausgemachtem Ricotta-Aufstrich und feinsten Salaten und Veggie-Bowls. Ganz nach dem Vorbild seiner Konfitüren wartet das Restaurant auch auf seiner Karte mit Gerichten auf, die es einem warm ums Herz werden lassen.

 SQIRL
720 N VIRGIL AVE #4,
LOS ANGELES, CA 90029

| MO–FR: 6:30–16 Uhr | Ohne Reservierung | sqirlla.com |
| SA–SO: 8–16 Uhr | +1 (323) 284-8147 | |

Kalifornien mag den Avocado-Toast nicht erfunden haben. Doch berühmt gemacht hat es ihn allemal. Jener von Sqirl ist zum Dahinschmelzen. Nicht überzeugt? Dann schauen Sie sich einfach die tägliche Warteschlange an. „Everything I want to eat" lautet der Titel eines der Kochbücher von Jessica Koslow ...

– JESSICA KOSLOW –

KÖCHIN UND MITBEGRÜNDERIN VON SQIRL

Wie sind Sie zur Expertin für Konfitüren geworden?

Ich komme aus L.A. Mit 18 Jahren packte ich meine Koffer, um in Atlanta eine Ausbildung zur Konditorin zu machen. Dort im Süden hat man keine andere Wahl, man muss Lebensmittel konservieren: Die Saison ist kurz und die guten Sachen halten sich nicht lange. Mit 28 kam ich zurück nach L.A. und 2010 gründete ich mit meinem damaligen Partner

Eine Stadt, in der sich die Aromen anderer Länder vereinen.

Scott Barry ein Unternehmen für Konfitüre.

Welche Frucht lieben Sie in Kalifornien am meisten?

Oh mein Gott, schwierige Frage! Für mich sind das mehrere. Was ich immer schon sehr mochte sind Aprikosen der Sorte Muscat Royal. Ich freue mich aber auch sehr auf die neuen Gravensteiner Äpfel oder auf reife Santa-Rosa-Pflaumen.

Was lieben Sie an Los Angeles?

Vieles! Die Dynamik. L.A. ist eine Stadt, in der sich die Aromen anderer Länder vereinen, mexikanische, thailändische oder alle zugleich. Es ist eine Stadt, die einen mit offenen Armen empfängt.

Was ist Ihr Lieblingsort in L.A.?

Ich liebe das Bonjuk, ein Restaurant in Koreatown, in dem Juk, ein traditioneller Getreidebrei, serviert wird. Ein sehr fremdartiges Gericht. Ich mag die Tire Shop Taqueria und den Sapp Coffee Shop. Eigentlich alle kleinen Restaurants.

Wie sieht Ihr idealer Tag in L.A. aus?

Ich habe nie mal einen Tag für mich. Falls doch, würde ich gerne zu Wi Spa gehen, ein bisschen Yoga machen oder ins Fitnessstudio gehen. Oder in eine schöne Galerie. Mir selbst eine Freude machen, mit einem japanischen Essen bei Asanebo oder einem Gläschen mit Freunden in der Gold Line Bar. Am wichtigsten ist es mir, Zeit mit den Menschen zu verbringen, die ich liebe.

DIE GRÖSSTEN
STAND-UP-COMEDIANS
IN EINER BOX

Das Largo at the Coronet ist ein gemütlicher Ort, der methodisch angegangen werden will: online reservieren, rechtzeitig da sein, Namen nennen, Karte und Platznummer entgegennehmen (je früher man kommt, desto näher an der Bühne sitzt man), in der Nähe eine Kleinigkeit essen und pünktlich zum Beginn um 20:30 Uhr zurück sein.

Die besten Vorstellungen sind jene unter dem Titel „... and friends", bei denen jeweils ein berühmter Stand-up-Künstler eine Handvoll Comedians und einen Musiker für eine Show im alten Music-Hall-Stil einlädt.

Es ist ein wahres Vergnügen, in diesem Saal mit weniger als 300 Plätzen aufsteigende Sterne neben der Crème de la Crème von Hollywood zu erleben: Zach Galifianakis, Will Ferrell, Paul Thomas Anderson, Adam Sandler, Sacha Baron Cohen, Ellen DeGeneres, Jeff Goldblum, Mike Myers, Jack Black, Judd Apatow und viele andere mehr.

 **LARGO AT THE CORONET**
366 N LA CIENAGA BLVD,
LOS ANGELES, CA 90048

Vorstellungen fast jeden Abend | Programm und Reservierung online unter: largo-la.com

KLEIDER UND PLATTEN
AUS DEMSELBEN JAHR

Der Klamottenladen Avalon Vintage von Carmen Hawk, einer renommierten früheren Stylistin, ist Kult.

Hier finden Liebhaber, geordnet nach Stil oder Farbe, Vintage-Bekleidung aller Epochen sowie rund 6.000 Schallplatten, die von der Inhaberin mit ihrem aus der Musikbranche kommenden Geschäftspartner Rodney Klein einzeln ausgewählt wurden.

Angesichts der obendrein fairen Preise – das historische Viertel Highland Park im Nordosten der Stadt erwacht erst seit Kurzem mit neuen Restaurants und Geschäften aus seinem Dornröschenschlaf – ist es praktisch unmöglich, dieses Geschäft mit leeren Händen zu verlassen.

 AVALON VINTAGE
106 N AVE 56,
LOS ANGELES, CA 90042

DI–SO: 13–20 Uhr | +1 (323) 309-7717 | avalon-vintage.business.site

AUTHENTISCHE THAI-SPEZIALITÄTEN
UND ERLESENE BIO-WEINE

In seinen wilden Jugendjahren verbrachte Küchenchef Kris Yenbamroong viele Abende mit Streetfood in den Straßen von Bangkok. In seinem Restaurant Night + Market Song in L.A. erhebt er diese Küche in den Rang echter Kunst und gönnt sich sogar den Luxus, sie in Begleitung europäischer Bio-Weine zu servieren.

Das Ergebnis? Ein günstiges, hervorragendes, buntes, witziges, bisweilen experimentelles und lautes Restaurant. Mit einzigartigen Aromen, die sich mit Weinen aus biologischer Erzeugung zu unerwarteten Geschmackserlebnissen vereinen. Der ideale Ort für ein gutes Essen mit Freunden.

Mit der Zeit hat sich das Restaurant ganz natürlich zu einem Treffpunkt für Anwohner und andere Köche entwickelt. Eine Geschichte mit Happy End für den Autodidakten, der an der NYU (New York University) Fotografie studierte und bei Richard Kern arbeitete, als seine Eltern ihn baten, das Familienrestaurant am Sunset Boulevard zu übernehmen. Kris Yenbamroong ist es in der Folge gelungen, aus dem Night + Market Song einen wahrhaft einzigartigen Ort zu machen.

 NIGHT + MARKET SONG
3322 SUNSET BLVD,
LOS ANGELES, CA 90026

| Mittags: MO–FR: 12–15 Uhr | Ohne Reservierung | nightmarketsong.com |
| Abends: MO–SA: 17–22:30 Uhr | | |

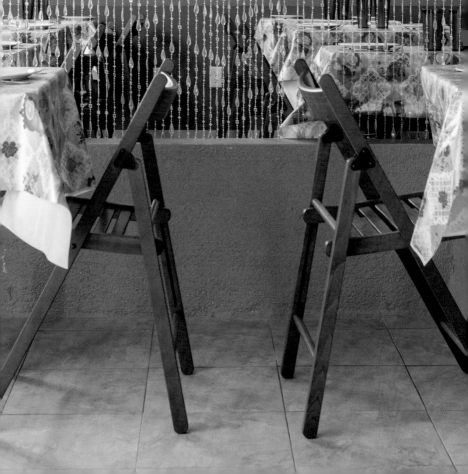

Die 31. Adresse wird in der „Soul Of"-Reihe nicht verrate
Sie ist einfach zu vertraulich. Finden Sie selbst heraus,
wohin es geht.

EIN
GEHEIMER ZAUBERCLUB

Das Magic Castle Hotel in den Hollywood Hills ist ein fantastischer geheimer Zauberclub, der einzig Angehörigen des Metiers und deren Freunden vorbehalten ist. Gleichzeitig beherbergt es den Sitz der Akademie für magische Künste (Academy of Magical Arts).

Wenn Sie an einem Event-Dinner teilnehmen und sich anschließend in einem Schloss voller Geheimgänge und Zauberer verlieren möchten, jedoch niemanden kennen, der Ihnen Eintritt verschaffen könnte, haben wir hier einen Tipp für Sie: Reservieren Sie einfach ein Zimmer im Schlosshotel.

Ein weiterer Vorteil davon ist, dass Sie nach drei oder vier Cocktails nicht mehr Auto fahren müssen ...

 MAGIC CASTLE

| Strenger Dresscode: Abendgarderobe oder Berufskleidung, „traditionell, formell und elegant" | Einladung erforderlich |

WIR DANKEN

FANY PÉCHIODAT für ihren kommunikativen Enthusiasmus und ihre Unterstützung bei diesem Projekt (und dem wunderbaren Fabrice Nadjari dafür, dass er uns bekannt gemacht hat).

PIA RIVEROLA und CLARA MARI für ihre großartigen Kreationen, mit denen sie die in diesem Buch vorgestellten Erlebnisse zum Leben erwecken.

THOMAS JONGLEZ für diese schöne Reiseführer-Reihe.

OLIVIER ZAHM und BRAD ELTERMAN für die Erlaubnis, ihr Interview mit Jonathan Gold zu verwenden.

BILLIE WEISMAN für den herzlichen Empfang, den sie uns bei sich zu Hause bereitet hat.

JESSICA KOSLOW für ihre Zeit und ihre Großzügigkeit.

JOEL CHEN, BIANCA CHEN und ANNA CARADEUC für ihre Leidenschaft.

STEVE TURNER und ANTOINE CHOUSSAT dafür, dass sie mich ermutigt haben, über die Geheimnisse von L.A. zu berichten.

JONATHAN GOLD dafür, dass er unser aller Neugier befeuert hat.

An diesem Buch haben mitgewirkt:

Emilien Crespo, Autor
Pia Riverola, Fotografin
Clara Mari, Illustratorin
Emmanuelle Willard Toulemonde, Layout
Lea Intelmann und Sabine Hatzfeld, Lektorat
Tanja Felder, Übersetzung
Clémence Mathé, Konzeption

Schreiben Sie uns an contact@soul-of-cities.com
Folgen Sie uns auf Instagram unter @soul_of_guides

Alle Fotos: Pia Riverola, außer:

S. 14–16: Destroyer und Pia Riverola
S. 18–21: Fotos Pia Riverola – Frederick R. Weisman Art Foundation,
Los Angeles
S. 46: Julius Shulman © J. Paul Getty Trust. Getty Research Institute,
Los Angeles (2004.R.10)
S. 98–100: Wi Spa
S. 116–119: Night + Market

Das Interview mit Jonathan Gold wurde erstmals im
September 2018 in der Zeitschrift *Purple* veröffentlicht.
DANKE

© JONGLEZ 2022

Pflichtexemplar: Marsch 2022 – 1. Auflage

ISBN: 978-2-36195-460-4

Gedruckt in der Slowakei bei Polygraf